LES

QUATRE DYNASTIES,

ou

L'HISTOIRE DE FRANCE;

ODE A CLIO.

Par M. FRANÇOIS (de Neufchateau).

> Quem virum, aut heroa, lyrâ, vel acri
> Tibiâ, sumis celebrare, Clio ?
> Horat. Carm. L.' 1.

PARIS,

DE L'IMPRIMERIE DE LEVRAULT, RUE MÉZIÈRES.

1807.

AVERTISSEMENT.

La méthode des vers techniques a souvent été appliquée à l'étude de notre histoire. On doit louer le zèle de ceux qui se dévouent à ce travail obscur des ouvrages élémentaires; mais on peut regretter aussi que des intentions si pures et des vues si utiles aient presque toujours été si mal remplies.

La Mémoire artificielle du jésuite Buffier, imitée du latin de Labbe, avait mis à la mode ce moyen d'enseigner la Géographie et l'Histoire.

L'auteur du bon article *Études*, dans la grande Encyclopédie, veut qu'on fasse lire aux enfans tous les jours, à voix haute, des morceaux choisis de l'histoire; qu'on leur demande compte ensuite de ce qu'ils en auront compris et retenu; qu'ils mettent le tout par écrit quand ils sont assez forts; qu'on leur fasse écrire avec soin ce qu'on leur fait apprendre, « et princi-

« palement les vers du père BUFFIER, pour
« l'histoire et la géographie. »

Mais ces vers du père BUFFIER sont malheureusement tournés et presque tous barbares. Voici ceux qui commencent son histoire de France :

> Ses lois, en quatre cent, Pharamond introduit.
> Clodion chevelu, qu'Aétius vainquit, etc.

VOLTAIRE était pourtant frappé de l'utilité de ces vers pour aider la mémoire. Il n'a pas dédaigné d'en donner un meilleur modèle, dans les vers qu'il a mis en tête de ses *Annales de l'Empire*.

Dans la nouvelle édition de l'*Instruction sur l'histoire de France*, sous le nom de LE RAGOIS (Paris, Barbou, 1805), on trouve une *Chronique abrégée de l'histoire de France*, en vers alexandrins. Cet abrégé n'est pas très-court, et il ne comprend pas la dynastie impériale.

VIARD, auteur d'un tableau et d'un recueil *des époques les plus intéressantes de l'histoire de France*, imprimé à Paris en 1789, et qui a eu beaucoup de cours, avait donné aussi un *Abrégé de l'histoire de France*, en vers alexandrins, moins diffus que les précédens.

Cet ouvrage, imprimé avec privilége du Roi, et reproduit dans le Recueil des livres destinés pour les Écoles militaires, commence ainsi l'article de la troisième race, dite des Rois Capétiens:

987. XXXVIe ROI. HUGUES CAPET.

> Capet, qui des Français mérita la couronne,
> N'avait aucun des droits que la naissance donne ;
> Mais il était actif, prudent, plein de valeur,
> Généreux, politique, et doué d'un grand cœur.
> Il sut gagner du peuple et l'amour et l'estime ;
> Il prit et renferma son prince légitime.....

Ce qu'il y a de mieux dans cet abrégé poétique ou sommaire rimé de l'histoire de France, c'est que l'auteur y entremêle tous les vers de la Henriade qu'il peut y adapter. Ainsi l'on aime à lire (*page* 21, article de Louis XII, 1498) les quatre vers suivans :

> Ce roi, qu'à nos aïeux donna le ciel propice,
> Sur son trône avec lui fit asseoir la Justice.
> Il pardonna souvent ; il régna sur les cœurs,
> Et des yeux de son peuple il essuya les pleurs.

Mais de tels vers font ressortir d'une manière trop saillante la faiblesse et l'insignifiance de ceux auxquels on les accolle.

Enfin, M. FORTIER avait publié (à Paris, 1779) un *Abrégé chronologique de l'histoire de France, en vers techniques*, à l'usage des élèves de la pension de M. *Berthaud*. Cet ouvrage eut assez de vogue. « Un jeune « enfant, par le moyen de ces vers, appre- « nait l'histoire de France en très-peu de « temps et par forme de délassement....... » (Avant-propos, page 6.) L'auteur de cette romance singulière, pour se renfermer dans la mesure de vers la moins étendue possible, avait choisi celle de ces airs si connus : *Jusques dans la moindre chose*, etc., *Aussitôt que la lumière*, etc. Notre histoire y est présentée en soixante-dix-neuf couplets, dont voici le premier.

Depuis treize cents années,
Au peuple appelé gaulois,
Par les Germains sont données
D'autres mœurs et d'autres lois.

AVERTISSEMENT.

Trois races ont la couronne.
Un droit deux fois discuté
N'a jamais permis qu'au trône
Le beau sexe soit monté.

En visitant les établissemens d'instruction publique, l'auteur de la pièce suivante avait soin de demander aux jeunes élèves ces vers techniques, dans lesquels on a essayé de resserrer le tableau de l'histoire de France. Il n'a pas été content des vers qui lui ont été récités, et dont on vient de donner une idée. C'est ce qui lui a suggéré le dessein de l'ode qu'on va lire. Il a songé surtout à cette ode fameuse dans laquelle Horace passe en revue les grands hommes de l'antiquité, et fait servir leurs noms comme d'un piédestal à la statue d'Auguste.

Quem virum, aut heroa, lyrâ, vel acri
Tibiâ, sumis celebrare, Clio ?

En imitant Horace, et en esquissant à grands traits le tableau raccourci des quatre dynasties françaises, l'auteur a désiré surtout que cette ode pût servir, dans l'éducation, pour imprimer dans la mémoire de la jeunesse les noms de nos grands hommes et les principales époques de l'histoire de France. C'était ainsi qu'on en usait chez les peuples les plus célèbres, à en juger par ce passage de l'Encyclopédie.

« J'ajouterai seulement qu'avant Hérodote
« l'histoire ne s'écrivait qu'en vers chez les
« Grecs. Cet usage était très-raisonnable; car le
« but de l'histoire est de conserver à la posté-
« rité le petit nombre de grands hommes qui
« doivent lui servir d'exemples. On ne s'était
« point encore avisé de donner l'histoire d'une
« ville en plusieurs volumes in-folio : on n'é-
« crivait que ce qui en était digne, que ce
« que les peuples devaient retenir par cœur;
« et pour aider la mémoire on se servait de
« l'harmonie des vers. C'est par ces raisons que
« les premiers philosophes, les législateurs,
« les fondateurs des religions et les historiens,
« étaient poètes. » (*Encyclopédie*, art. *Vers*, tome XVII, in-fol. pag. 158.)

Aussi l'ode est-elle adressée à Clio, qui est, comme on sait, la Muse même de l'histoire.

Il y aurait beaucoup de notes à faire sur

AVERTISSEMENT.

toutes les strophes de cette ode ; mais on pense qu'il faut donner ce thème à remplir aux jeunes élèves, et que cet exercice ne peut leur être que très-utile.

Au surplus, le savant traducteur des *Tablettes chronologiques* de *Blair*, M. Chantereau, premier professeur d'histoire à l'École impériale militaire de Fontainebleau, se propose de commenter cette ode, et d'en montrer l'utilité dans l'ouvrage qu'il va donner, et qui renferme, en peu d'espace, *l'art de vérifier les dates de l'histoire de France.*

LES QUATRE DYNASTIES,

OU L'HISTOIRE DE FRANCE.

ODE A CLIO.

I.

Dis-nous, ô Muse de l'histoire,
Quels hommes, quels héros, quels demi-dieux français,
Méritent que l'écho du temple de Mémoire
    Redise toujours leurs succès !
Ouvre-moi du passé les annales fidèles ;
Révèle-moi, Clio, ceux de nos grands modèles
    Que l'oubli ne peut engloutir.
Pour qui dois-je emprunter la lyre de Malherbe ?
Pour qui dois-je essayer la trompette superbe
    Que Voltaire fit retentir ?

II.

Tu m'exauces, Muse savante !
Du grand peuple, à mes yeux, les fastes dévoilés
Montrent les noms fameux dont la France se vante
    Depuis tant d'âges écoulés.
Du fond des monumens sortez, mânes célèbres,
A la voix de Clio, qui perce les ténèbres
    Dont les siècles vous ont couverts !
Que tout ce qu'ont pu voir d'illustres renommées
Trois races de nos rois sous la tombe enfermées,
    Vienne revivre dans mes vers !

III.

Qui nous dira vos destinées,
Vous, nos premiers aïeux, fiers Celtes ! Francs, Gaulois !
Déjà vous embrassiez Alpes et Pyrénées ;
    Déjà deux mers suivaient vos lois.
Vous fîtes trembler Rome, et fondâtes Mantoue ;
Vous conquîtes l'Asie.... Hélas ! le temps se joue
    Des princes et des nations.
Où sont les vers sacrés que chantaient les Druides,
Et ces Bardes fameux que des rois intrépides
    Choisissaient pour leurs Amphions ?

IV.

Les rois seuls n'ont pas mes hommages ;
Celui qui n'est que roi n'est rien s'il ne vit plus.
Pour immortaliser de si grandes images ,
    Il faut de plus grandes vertus.
La valeur chez les Francs fut la seule avouée :
Ainsi sur le pavois les fils de Mérouée
    Sont élevés par leurs égaux ;
Ainsi dans Tolbiac Clovis fonde la France ,
Et confond à Vouillé l'orgueilleuse espérance
    D'Alaric et des Visigots.

V.

Clovis est grand , quoique barbare ;
Rome a plié devant son courage immortel :
Mais de ses descendans la mollesse prépare
    La splendeur de Charles-Martel.
Des flots de Sarrasins la France est inondée.
D'Abdérame à Poitiers la fureur débordée
    A ses pieds va fouler la croix :
Sa main de Mahomet tient le sabre et le livre ;
L'Europe en a frémi. Celui qui la délivre
    Est au-dessus de tous les rois.

VI.

De la première dynastie

Ainsi Dieu retrancha le sang trop énervé.
Postérité des rois, tu dois être avertie
  Du sort aux lâches réservé.
Childéric dans un cloître ensevelit sa honte ;
Pépin règne en effet : les Lombards qu'il surmonte,
  D'un roi lui trouvent le grand cœur.
Bienfaiteur de l'Église, il lui donne Ravenne ;
Sept fois contre Gaïphre il court en Aquitaine,
  Et de ce traître il est vainqueur.

VII.

Fils et petit-fils de grands hommes,
Charlemagne est encor plus grand que ses aïeux.
Que n'eût-il pas été, si des temps où nous sommes
  Le jour eût éclairé ses yeux !
Dans la nuit de son siècle il cherche la lumière ;
Il range sous son joug l'Europe presque entière,
  Et ses lois en sont le flambeau.
Sa gloire, après mille ans, sera toujours nouvelle ;
Et dans sa cité d'Aix [1] une palme éternelle
  Doit refleurir sur son tombeau.

Aix-la-Chapelle.

VIII.

Mais quoi! trop loin de sa patrie
Il a de sa grandeur étendu l'ascendant,
Pour transmettre à sa race, hélas, bientôt flétrie!
    Tout le fardeau de l'Occident.
Ah! si dans l'avenir ce grand homme eût pu lire!....
Je vois ses fils entre eux diviser son empire
    Et l'un sur l'autre se jeter.
Que dis-je? c'est trop peu: des prêtres les déposent;
Des pirates du Nord viennent et leur imposent
    Un tribut pour se racheter.

IX.

Deux siècles s'écoulent à peine,
Que ce grand nom de Charle, à son tour effacé,
Par le nom de Capet, aux rives de la Seine,
    Tout-à-coup se voit remplacé.
Dans la tour d'Orléans le dernier Charle expire.
Hugues règne. La France en lambeaux se déchire;
    La couronne a perdu son rang.
Bretagne, Flandre, Anjou, Gascogne, Normandie,
De la guerre en cent lieux allument l'incendie,
    Et chaque fief a son tyran.

X.

Gloire au fondateur des communes ! [1]
De l'affranchissement le mot est prononcé :
Les serfs verront un jour finir leurs infortunes ;
    Ce grand ouvrage est commencé.
Gloire à Philippe-Auguste aux plaines de Bouvine !
Anglais, Germains, Flamands, ont juré sa ruine :
    Il en triomphe avec éclat.
D'autres, portant au loin la croix et l'oriflamme,
Laissent aux soins heureux d'un moine [2] et d'une femme [3]
    L'honneur de gouverner l'état.

X I.

    Bientôt l'étoile infortunée
Qui du sang des Capets semble avoir fait deux parts,
Nous montre des Valois la branche condamnée
    A gémir sous les Léopards.
Edouard et Philippe, acharnés à la guerre,
Font lutter corps à corps la France et l'Angleterre,
    Qui hâtent leur propre déclin.
Des peuples et des rois ô démence commune !
Mais du moins Charles-cinq oppose à la fortune
    Sa politique et du Guesclin.

[1] Louis VI.   [2] L'abbé Suger.   [3] Blanche de Castille.

XII.

Après ce fameux connétable,
Dieu! quels troubles en France et quels assassinats!
Du quatorzième siècle époque détestable,
    Non, non, je ne vous peindrai pas!
Triomphe des Anglais dans nos guerres civiles!
Désertion des champs! calamités des villes!
    De Brétigny pacte odieux!
Affreux couronnement de Henri de Lancastre!
Quel Français, sans frémir, sur ces temps de désastre
    Pourra jamais lever les yeux?

XIII.

Un Bedfort gouverne la France!
O honte! et Charles-sept à Bourges est réduit!
Une femme aux Français vient rendre l'espérance;
    Le ciel l'inspire et la conduit.
Salut, ô Jeanne d'Arc! salut, bergère illustre!
Lorsqu'au trône des rois tu rends son premier lustre,
    Malheur à qui t'ose outrager!
En dressant ton bûcher l'Anglais se déshonore;
Ta gloire à ton pays en est plus chère encore:
    Ton pays saura te venger.

XIV.

Que vois-je ? quel éclat, ô Muse,
De l'Europe en ce temps enchante les regards ?
Clémence [1] dans Toulouse, et Laure dans Vaucluse,
　　Ont ressuscité les beaux arts.
De l'abeille des Francs la boussole est ornée.
Colomb, osant franchir une mer étonnée,
　　Agrandit ce globe à nos yeux.
Le salpêtre a changé le grand art de la guerre ;
La presse, à moins de bruit, change bien plus la terre ;
　　Deux verres vont changer les cieux.

XV.

Cependant, d'une main jalouse,
Louis-onze a repris le sceptre tout entier.
Les peuples, comme un père, ont pleuré Louis-douze,
　　Et les Muses François-premier.
L'honneur a de Bayard conservé la devise.
Charles-Quint, malgré lui, s'arrête : l'heureux Guise
　　Sauve Metz et reprend Calais.
Mais Guise et Coligni tour à tour sont victimes ;
Et L'Hôpital, au sein du tumulte et des crimes,
　　Veut en vain ramener la paix.

---

[1] Clémence Isaure, fondatrice des Jeux floraux.

XVI.

Les Valois tristement finissent.
Après leurs jours affreux luisent des jours divins.
Henri-quatre et Sully s'entendent et s'unissent ;
    La France respire à Vervins.
Mais à peine le calme a duré dix années,
Un monstre a de Henri tranché les destinées.
    Avec lui tout semble périr.
Une autre Médicis opprime nos ancêtres.
Mais enfin le royaume, affermi par deux prêtres,
    Sous un Bourbon va refleurir.

XVII.

Louis, au temple de la Gloire,
D'une escorte héroïque arrive environné.
Que son règne est brillant ! Nul autre, dans l'histoire,
    De tant d'éclat n'est couronné.
Condé dans les combats a le coup d'œil de l'aigle ;
Turenne, plus profond, de Bellone est la règle.
    Neptune a son Dugay-Trouin.
Luxembourg est terrible, et Catinat est sage.
De la France Vauban ferme chaque passage,
    Et Villars la sauve à Denain.

XVIII.

Colbert est un nouveau Mécène.
Despréaux nous enseigne à chanter nos exploits ;
Molière peint les mœurs ; Corneille orne la scène.
    D'Aguesseau sert d'organe aux lois.
Descarte a refondu l'intelligence humaine ;
La Muse de la fable inspire La Fontaine.
    Bossuet tonne en ses discours.
Heureux siècle où Racine écrivit Andromaque !
Beau siècle où Fénélon instruisait Télémaque !
    Quels talens ont marqué ton cours !

XIX.

De cette splendeur qui les blesse,
Les yeux des étrangers sont long-temps éblouis ;
Mais la corruption vient avec la faiblesse
    S'asseoir au trône de Louis.
Tous les freins sont rompus. Ah ! que de ta régence,
Philippe, tu plaindras la fatale indulgence !
    Que ses fruits ont trompé tes vœux !
Celui qui règne au peuple imprime son génie :
Tu laisses triompher la Licence impunie ;
    La Licence perd tes neveux.

XX.

Hélas ! tout leur semblait propice.
Tant d'éclat n'a jamais voilé tant de malheurs.
La Mollesse, placée au bord d'un précipice,
    Le voit, et s'endort sur des fleurs.
Maurice à Fontenoy fait pâlir l'Angleterre.
Quand le héros n'est plus, Versailles craint la guerre
    Et ne sait pas faire la paix.
Par ses propres appuis la couronne ébranlée
Chancelle, et livre enfin Dunkerque désolée
    Au joug d'un commissaire anglais.

XXI.

Cette honte était réparée :
D'un état mieux réglé nous embrassions l'espoir,
Quand, de ses propres mains la France déchirée,
    Offre un spectacle horrible à voir.
Clio !.... de notre sang nos archives sont teintes....
Déchire ces feuillets.... Des discordes éteintes
    Périsse jusqu'au souvenir !....
Non; tu n'en peux rayer les pages criminelles;
Et, comme les vertus, les fautes éternelles
    Sont la leçon de l'avenir.

XXII.

Dans Londre un infernal génie
De nos affreux débats sait trop bien profiter;
Et trois fois par ses soins l'Europe réunie
    Sur nous vient se précipiter.
O Muse! c'est ici qu'il faut que tu m'inspires !
Dis comment de l'abîme au rang des grands empires
    Nous avons pu nous replacer :
Dis à quelle hauteur notre France s'élève,
Lorsque trois fois de suite et la flamme et le glaive
    De la carte ont cru l'effacer.

XXIII.

Héros de la France et de Rome,
Napoléon-le-grand rassemble tous vos traits.
Pour sauver un tel peuple il fallait un tel homme;
    Le ciel pour nous le fit exprès.
Il le fallait guerrier, et pourtant pacifique.
Du siècle où triompha l'esprit philosophique
    Tout l'éclat devait l'entourer.
Par sa haute valeur, par sa raison profonde,
Il devait faire en tout l'étonnement du monde ;
    Vaincre l'Europe et l'éclairer.

XXIV.

Clio, recommence nos fastes :
Un siècle tout nouveau s'ouvre pour les Français.
Napoléon les guide aux destins les plus vastes ;
　　Lui seul peut borner ses succès.
C'est l'homme de l'Histoire et de la Providence.
Sa main ferme et rapide a de leur décadence
　　Relevé le trône et l'autel.
Grand Dieu ! conserve-nous cette âme généreuse !
Que son nom soit béni ! Que dans sa race heureuse
　　Son empire soit immortel !

FIN.

www.ingramcontent.com/pod-product-compliance
Lightning Source LLC
Chambersburg PA
CBHW070542050426
42451CB00013B/3134